Jésus était schizophrène

Par

Jean-Philippe Cossette

2006

Table des matières

Avant-propos 3
Chapitre 1 Qu'est-ce que la schizophrénie ? 4
Chapitre 2 Les évangiles relatant la vie de Jésus 12
Chapitre 3 L'enfance de Jésus 16
Chapitre 4 Le baptême de Jésus : premier épisode psychotique 20
Chapitre 5 Les pensées et gestes de Jésus : était-il sain d'esprit ? 26
Chapitre 6 Ses délires à propos de son Père 36
Chapitre 7 La « Transfiguration » 39
Chapitre 8 Jésus : un homme violent..41
Chapitre 9 Ses délires sur la fin du monde 45
Chapitre 10 Ses derniers moments 47
Chapitre 11 Diagnostique : schizophrénie paranoïde chronique.............52
Chapitre 12 Autres personnages bibliques atteints de schizophrénie........54
Chapitre 13 Conclusion 59

Avant-propos

Le présent livre a pour but de dresser un portrait psychiatrique du personnage historique que l'on appelle Jésus de Nazareth, fondateur du christianisme. Un tel titre est choquant, certes, mais après une analyse détaillée des paroles et gestes de Jésus mentionnés dans les évangiles, il appert clairement qu'il souffrait d'une maladie mentale grave : la schizophrénie. Un tel livre risque bien de soulever des protestations des différentes églises et congrégations chrétiennes à travers le monde. Cependant, les personnes assez ouvertes d'esprit et intelligentes, conviendront que les analyses réalisées dans cet ouvrage correspondent à la réalité. Il va sans dire que le christianisme et le conservatisme qui en résulte sont en train de refaire des gains importants depuis un certain nombre d'années en Amérique du nord particulièrement et aussi ailleurs dans le monde. Vers la fin du siècle dernier, c'est-à-dire, le xxe siècle, les découvertes scientifiques avaient fait détourner des millions de fidèles de leur foi, la science ayant réfuté plusieurs croyances d'origine biblique. Malheureusement, la science n'a pas pu vaincre les injustices, les souffrances, les maladies et la mort. Elle n'a apporté aucun espoir à long terme. De ce fait, des millions de personnes se tournent maintenant vers les sectes chrétiennes fondamentalistes qui offrent une interprétation différente de la bible en comparaison des grandes églises traditionnelles. Un bel exemple depuis quelques années est la popularité grandissante de la théorie du : «dessein intelligent» ou en anglais l' "intelligent design". Ce concept vise à prouver l'existence d'un créateur à partir de la science et non de la religion. Donc, Jésus était-il atteint de schizophrénie? Si oui, cela pourrait alors ébranler les fondements mêmes du christianisme à jamais. À moins d'avis contraire, les citations bibliques sont tirées de la Bible de Jérusalem, les éditions du Cerf, Paris, 2005.

Chapitre 1

Qu'est-ce que la schizophrénie ?

Avant de débuter cette analyse, il nous faut savoir d'abord ce qu'est la schizophrénie.

Les études ont démontré que la schizophrénie est un dérangement important dans le fonctionnement du cerveau. Les données actuelles concernant la cause de la maladie indiquent que plusieurs facteurs en sont à l'origine. Il semble que la schizophrénie soit une maladie héréditaire, car elle se retrouve souvent à l'intérieur d'une même famille. Il y a aussi des changements dans l'équilibre chimique, le fonctionnement des neurotransmetteurs, surtout la dopamine et la structure du cerveau. Il est possible que la schizophrénie soit une manifestation semblable de différentes maladies. Il s'agit d'une maladie physique du cerveau. En effet, les différentes méthodes d'investigations, comme les imageries par résonance magnétiques et les tomodensitométrie du cerveau, ont démontré que chez environ 20% des schizophrènes, il y a un élargissement des ventricules cérébraux, ce qui laisse sous-entendre qu'il y a eu une perte de tissus cérébral. Les suivis sur les personnes atteintes, ont démontré qu'il y avait également une atrophie cérébrale plus importante et plus rapide que les gens normaux.

Le développement de la schizophrénie peut-être lent de sorte que l'entourage ne s'en rend pas compte et le sujet n'est pas emmené pour voir un professionnel pour être traité. La schizophrénie se développe souvent de façon rapide. Ces épisodes aigus comportent des hallucinations, des idées délirantes, de la paranoïa, de la peur et de l'isolement. Certains n'auront que quelques crises au cours de leur vie. D'autres seront affectés toutes leurs vie et leurs symptômes seront un véritable handicap et les empêchera de mener une vie normale et heureuse. On appelle cela de la schizophrénie chronique. Il y a deux catégories de symptômes de la schizophrénie : les symptômes positifs et les symptômes négatifs. Les symptômes positifs sont des symptômes qui sont présents mais qui ne se manifestent pas chez les gens normaux. Les symptômes négatifs sont ceux qui devraient se manifester mais qui sont absent.

Les symptômes positifs

Cela inclut des hallucinations. Les hallucinations peuvent être auditives, visuelles, olfactives, gustatives ou tactiles. Les idées délirantes et la paranoïa font également partie des symptômes dits « positifs ».

Il semble que les hallucinations soient dues à une hypersensibilité du cerveau aux stimuli en provenance des 5 sens et aussi à une mauvaise interprétation de celles-ci par le cerveau. Une personne malade peut entendre des voix qu'elle seule entend. C'est la forme la plus fréquente, les hallucinations auditives. Les voix peuvent être mandatoires et ordonner de faire certaines choses ou elles dénigrent la personne, la culpabilise. Les hallucinations peuvent aussi être visuelles et la personne peut voir des choses qui n'existent pas, ou encore olfactive, le sujet sent une odeur qui n'est pas sentie par les autres. Le goût des aliments peut aussi changer et ceux-ci peuvent goûter différents de leur goût habituel. C'est ce qu'on appelle des hallucinations gustatives. Il y a aussi des hallucinations tactiles.

Les idées délirantes sont des convictions erronées, irréductibles par la logique. Le patient est le seul à avoir ces croyances bizarres. Il peut croire que l'on parle de lui à la télévision ou qu'il a un implant dans le cerveau et qu'il reçoit des messages d'extra-terrestres ou que l'on lit dans ses pensées. Le patient peut aussi avoir des délires religieux et décider de faire partie d'une secte. La paranoïa entraîne aussi un délire de persécution. La personne atteinte peut croire qu'il y a un complot contre elle, qu'on cherche à la tuer ou que le diable cherche à lui faire du mal. Certains croient fermement qu'on a installé des caméras cachées pour les espionner, etc. Les idées délirantes résistent à toute logique ou arguments. Il ne sert donc à rien d'essayer de convaincre la personne atteinte de schizophrénie qu'elle a tort. Même des preuves irréfutables ne pourront la convaincre.

La personne peut avoir des troubles à organiser sa pensée qui peut se traduire par un relâchement des associations d'idées. Son discours peut être désorganisé et n'être qu'une salade de mots. Le discours peut devenir illogique et il peut passer rapidement d'un sujet à l'autre. Son affect est souvent inapproprié et en désaccord avec ses paroles.

Étant donné les problèmes au niveau sensoriel, la personne malade peut ressentir un obscurcissement de la conscience de soi et avoir l'impression de ne plus être la même personne. Le schizophrène peut avoir l'impression de ne pas avoir de corps. Il peut même être incapable de discerner son corps du monde extérieur, un peu comme si celui-ci était dissocié de sa personne.

Les symptômes négatifs

Les symptômes négatifs entraînent un manque de motivation dans la vie, un manque d'impulsion et une perte d'intérêt généralisé. Ce n'est pas de la paresse. Dû à la maladie, la personne n'aura envie de rien faire ou presque. Même le divertissement lui semblera sans intérêt et elle ne fera presque rien de sa journée.

Un affect plat (ou athymie) est une diminution des émotions. Cela peut se remarquer par peu d'expressions faciales, un ton de voix monotone et peu de réactions émotionnelles. Il ne faut toutefois pas croire que la personne ne peut pas du tout ressentir d'émotions, c'est que celles-ci sont diminuées. La maladie entraîne aussi de l'anhédonie, une absence de plaisir à faire quoi que ce soit. Ces symptômes peuvent empirer avec les années et conduire à la catatonie, c'est-à-dire, une quasi absence de mouvements.

De tels symptômes entraînent souvent une dépression chronique dû à l'angoisse, la peur et l'absence de plaisirs. Le malade peut aussi ressentir de la culpabilité et de la honte à cause de ses comportements.

Les pensées suicidaires sont fréquentes chez les schizophrènes et 50% d'entre eux tenteront de s'enlever la vie.

L'isolement social peut être causé par une dépression ou parce que le sujet se sent en sécurité lorsqu'il est seul ou qu'il est tellement absorbé par ses hallucinations ou sa paranoïa qu'il ne peut plus supporter la présence d'autrui. Les personnes atteintes de schizophrénie sont souvent incapables d'entretenir des relations avec les autres.

La schizophrénie débute habituellement chez les jeunes de 15 à 30 ans, mais elle peut apparaître plus tard, touchant parfois des personnes âgées de 40 ans. Des personnes peuvent être atteinte jeune, mais demeurent non diagnostiquées et non traitées. Il se peut que l'on ne découvre la maladie qu'à un âge avancé. La maladie est d'origine génétique. Elle affecte environ 1% de la population mondiale, peut importe le sexe et la race. Cela suppose qu'environ 300 000 Canadiens seront atteints de schizophrénie tôt ou tard dans leur vie.

Bien que la schizophrénie soit incurable, les médicaments antipsychotiques (ou neuroleptiques) permettent habituellement d'atténuer les symptômes positifs de la maladie. Ils ont peu d'effet sur les symptômes négatifs. Avec les années, les symptômes positifs s'atténuent. Certains schizophrènes vivent sans médicaments et plusieurs de savent même pas qu'ils le sont…

Voici quelques signes de la maladie :

- Problèmes d'insomnie.
- Isolement.
- Mauvaise relations avec les autres.
- hyperactivité ou inactivité.
- Difficulté à prendre des décisions, ambivalence.
- Intérêt excessif envers les religions, les sectes et les phénomènes paranormaux.
- Méfiance, peur, agressivité.
- Hypersensibilité à la critique.

- Négligence dans l'hygiène
- Déménagements fréquents.
- Besoin important de lire ou d'écrire.
- Regard fixe et vide.
- hypersensibilité au bruit.
- Distorsion de l'odorat et du goût.
- Discours déstructuré.
- Automutilation.
- Refus de toucher les autres ou de se laisser toucher.

Voici les critères diagnostiques de la schizophrénie selon le DSM-IV (Diagnostic and Statistical Manual of Mental Disorders), publié par l'American Psychiatric Association, il est utilisé en Amérique du nord pour diagnostiquer les troubles mentaux. L'O.M.S. (Organisation Mondiale de la Santé) utilise le CIM-10 (Classification Internationale des Maladies) ou ICD-10 en anglais.

A.   Au moins 2 des symptômes suivants :

(1)   Idées délirantes.
(2)   Hallucinations.
(3)   Discours désorganisé.
(4)   Comportement désorganisé ou catatonique.
(5)   Symptômes négatifs.

B.   Dysfonctionnement social ou occupationnel.

C.   Durée : au moins 6 mois.

D.   Sont exclus les troubles schizoaffectifs et les troubles de l'humeur.

E.   Sont exclus les troubles dus à des substances ingérées ou des pathologies organiques.

F.   Sont exclus les troubles de développement (autisme, débilité.)

Si les symptômes schizophréniques durent moins d'un mois, on parle alors de psychose brève. S'ils durent de un à six mois, on parle de trouble schizophréniforme. S'ils persistent plus de six mois, on diagnostique alors la schizophrénie.

Il existe cinq types de schizophrénie :

1.   Type paranoïde :
A.   Préoccupation avec un ou plusieurs délires ou hallucinations auditives fréquentes.
B.   Aucune des caractéristiques suivantes n'est proéminentes : discours désorganisé, comportement désorganisé ou catatonique, ou affect inapproprié ou plat.

2.   Type désorganisé (ou hébéphrénique) :

A.   Chacune des caractéristiques suivantes est proéminente :
1.   Discours désorganisé
2.   Comportement désorganisé
3.   Affect plat ou inapproprié
B.   Les critères pour le type catatonique ne sont pas rencontrés.

3.   Type catatonique : un type de schizophrénie dont le tableau clinique est dominé par au moins 2 des caractéristiques suivantes :

A.   Immobilité motrice mise en évidence par la catalepsie ou stupeur.
B.   Activité motrice excessive (apparemment sans but et non influencée par des stimuli externes).
C.   Négativisme extrême (une résistance apparemment sans motifs à toute instruction ou maintien d'une posture rigide contre toute tentative de le faire bouger) ou mutisme.
D.   Particularités de mouvements volontaires mis en évidence par la posture (adoption volontaire d'une posture inappropriée ou bizarre.)
E.   Mouvements stéréotypés, maniérismes proéminents ou des grimaces proéminentes.

F.   Écholalie ou échopraxie.

4.   Type indifférencié : un type de schizophrénie dans lequel les symptômes qui rencontrent le critère 1 sont présent, mais les critères ne sont pas rencontrés pour le type paranoïde, désorganisé ou catatonique.

5.   Type résiduel :

A.   Absence de délires, hallucinations, discours désorganisé et comportement grossièrement désorganisé ou catatonique proéminents.
B.   Il y a une évidence continue de perturbation, comme indiqué par la présence de symptômes négatifs ou 2 ou plus des symptômes énumérés dans le critère A pour la schizophrénie, présents en une forme atténuée (ex. : croyances étranges, expériences perceptuelles inhabituelles)

Il est possible qu'une personne atteinte de schizophrénie passe d'un type à l'autre au cours de l'évolution de sa maladie.

Il existe d'autres types de maladie mentale qui ne seront pas traités dans cet ouvrage, tels que :

-       Le trouble affectif bipolaire (ou maniaco-dépression) où s'alternent des épisodes de manie et de dépression. Lorsque la personne est en manie, elle est hyperactive, hypersociale et très labile. Elle peut faire des dépenses inconsidérées et avoir des délires. Lorsqu'elle passe en phase dépressive, il y a un risque de suicide.

-       Les différentes dépressions (symptômes : douleur morale, ralentissement psychomoteur, sentiment de culpabilité, idées noires, idées suicidaire, anorexie, etc.)

-       Et bien d'autres, comme les troubles de la personnalité, qui ne sont pas des maladies, mais affectent le comportement. Il est à noter que le trouble obsessionnel-compulsif est souvent secondaire à la schizophrénie.

Chapitre 2

Les évangiles relatant la vie de Jésus

Voici en résumé, la vie de Jésus pour ceux qui ne connaissent pas sont histoire : il vient au monde en Israël il y a environ 2 000 ans de façon supposément miraculeuse, d'une vierge nommée Marie. Il grandit et plus tard se fait des disciples. Il prêche une nouvelle morale, fait supposément des miracles, annonce la venue du royaume de dieu, se fait trahir par l'un de ses disciples, est crucifié et ressuscite après 3 jours.

Dans le Nouveau Testament, il y a 4 évangiles qui ont été retenus par l'église catholique. On les dit « canoniques » ou « inspirés ». Cela ne signifie pas que les autres évangiles qui ont été écrit à cette époque ancienne, n'ont aucune crédibilité. Cependant, compte tenu que les 4 évangiles, de Matthieu, de Marc, de Luc et de Jean, sont les mieux connus et accessibles, nous nous en tiendront principalement à ceux-ci. Les évangiles de Matthieu, Marc et Luc sont dits « synoptiques » qui signifie « parallèles ». C'est-à-dire qu'ils rapportent à peu près les mêmes épisodes. Tandis que celui de Jean est plutôt théologique. Il semble que l'évangile de Marc ait servit de source d'inspiration pour écrire celui de Matthieu et de Luc. Nous n'avons aucune certitude absolue que Matthieu et Jean, apôtres, ont vraiment écrit les évangiles qui portent leurs noms. Luc, quant à lui, n'était pas un des 12 apôtres, mais un disciple, qui était supposément « médecin » (voir épître aux Colossiens 4 : 14). Mais rien ne prouve de façon certaine qu'il en est l'auteur. Quant à Marc, il aurait été un proche de l'apôtre Pierre qui lui aurait raconté l'histoire de la vie de Jésus (1 Pierre 5 : 13). Marc aurait ensuite écrit l'évangile qui porte son nom, comme il s'en souvenait, sans tenir compte de l'ordre chronologique. Marc n'était pas un des 12 apôtres, mais un disciple (Actes 12 : 25). Cependant, rien n'est sur encore une fois, qu'il est bien l'auteur de l'évangile qui porte son nom.

Il est impossible de dire les dates exactes de rédaction des évangiles, car il y a des erreurs sur le plan historique. Voici les dates de rédactions prétendues par l'Église Catholique et les dates plus probables :

-       Matthieu : date de rédaction prétendue vers 80-90, mais plutôt vers 165.

-       Marc : date de rédaction prétendue vers 65-70, mais plutôt vers 170.

-       Luc : date de rédaction prétendue vers 80-90, mais plutôt vers 180.

-       Jean : date de rédaction prétendue vers 90, mais plutôt débutée vers 180 et terminée au IVe siècle.

Il y a d'autres évangiles qui n'ont pas été retenus comme « canoniques » ou « inspirés » par l'Église Catholique, ils n'en sont pas moins intéressants car ils nous montrent qu'il y avait plusieurs versions de la vie de Jésus de Nazareth au début de l'ère chrétienne. Voici quelques exemples :

IIe siècle :

-       Évangile de Philippe, (celui-là même qui laisse entrevoir une relation amoureuse entre Jésus et Marie Madeleine, cette idée a été exploitée par l'auteur du best seller The Da Vinci Code),
-       Évangile de Pierre.
-       Évangile de Thomas.
-       Évangile de Marcion.

IIIe siècle :

-       Évangile de Marie Madeleine (laisse aussi entendre que Jésus l'aimait plus que les autres disciples.

-        Évangile de Judas (récemment restauré).

Les 4 évangiles et les nombreux autres apocryphes (ou gnostiques) racontent des évènements parfois contradictoires et différents. Tout ce qui est écrit dans la bible n'est pas vrai et les évangiles ne font pas exception. Il y a des choses qui sont totalement invraisemblables. Il ne faut pas accepter le contenu de la bible comme étant « inspiré de dieu » et infaillible, car ce n'est point le cas. La bible est un livre qui a été écrit par des êtres humains non inspirés par dieu. Par conséquent, il faut trier ce qui s'est réellement passé de la fiction concernant en particulier les actes et les paroles de Jésus. Cela n'est pas une tâche facile et demeure spéculative. Mais, selon certains, bien des choses mentionnées dans les évangiles que Jésus aurait dites ou faites, n'ont jamais eu lieu. Toute personne ayant du bon sens conviendra que Jésus n'a jamais accomplit de miracle, car c'est scientifiquement impossible, surtout à son époque où la science et les moyens technologiques n'étaient pas aussi évolués qu'aujourd'hui ! Par exemple, la résurrection de Lazare était probablement un coup monté, car Jésus connaissait bien Lazare et ses 2 sœurs (Jean chap. 11). Jésus a-t-il guérit des possédés et des épileptiques ? Sûrement pas! Les gens que la foule croyait possédés étaient épileptiques, non possédés par un ou des démons ! Il ne faut pas oublier non plus que les crises convulsives ne durent pas 24 heures sur 24, donc Jésus pouvait donner l'impression d'avoir guérit des épileptiques en attendant que la crise cesse ! Jésus a-t-il marché sur les eaux ? Bien sur que non ! Selon l'évangile de Jean, alors qu'il faisait nuit, les disciples virent « Jésus marcher sur la mer et s'approcher du bateau. Ils eurent peur. Mais il leur dit : ' C'est moi. N'ayez pas peur.' Ils étaient disposés à le prendre dans le bateau, mais aussitôt le bateau toucha terre là où ils se rendaient. » (Jean 6 : 16-21). Il est clair que Jésus ne marchait pas sur les eaux ou la mer, mais il marchait près de la plage où il n'y avait quelques centimètres d'eau et comme il faisait nuit, les disciples ne voyaient pas devant eux et ne purent faire la différence entre marcher sur l'eau et marcher près de la plage! Matthieu et Marc donnent une version un peu différente de cet évènement qui laisse croire qu'il marchait vraiment sur l'eau.

Quoi qu'il en soit, le but de ce livre n'est pas de réfuter les évangiles et les miracles, car cela a déjà été fait de manière excellente par d'autres, mais le but est de dresser un profil psychiatrique de Jésus de Nazareth.

Chapitre 3

L'enfance de Jésus

Les évangiles de Marc et de Jean ne parlent pas de l'enfance de Jésus, ni de sa naissance miraculeuse provenant d'une vierge. Seul Matthieu et Luc en parlent. L'évangile de l'enfance par Thomas (IVe siècle), un apocryphe, à ne pas confondre avec l'évangile de Thomas, raconte que Jésus enfant, faisait des miracles. Par exemple, il donnait la vie à des oiseaux d'argile ou il punissait ceux qui lui déplaisait en les faisant dessécher, etc. Cela n'est rien d'autre que de la fantaisie d'un auteur ancien avec beaucoup d'imagination qui a tenté de combler le vide concernant l'enfance de Jésus dans les évangiles.

Selon l'évangile de Matthieu et de Luc, Marie, la mère de Jésus est tombée enceinte alors qu'elle était encore vierge :

« Or telle fut la genèse de Jésus Christ. Marie, sa mère, était fiancée à Joseph : or, avant qu'ils eussent mené vie commune, elle se trouva enceinte par le fait de l'Esprit Saint. Joseph, son mari, qui était un homme juste et ne voulait pas la dénoncer publiquement, résolut de la répudier sans bruit. Alors qu'il avait formé ce dessein, voici que l'Ange du Seigneur lui apparut en songe et lui dit : 'Joseph, fils de David, ne crains pas de prendre chez toi Marie, ta femme : car ce qui a été engendré en elle vient de l'Esprit Saint ; elle enfantera un fils, et tu l'appelleras du nom de Jésus car c'est lui qui sauvera son peuple de ses péchés.' » - Matthieu 1 : 18-21.

« Voici que tu concevras dans ton sein et enfanteras un fils, et tu l'appelleras du nom de Jésus. ». « Mais Marie dit à l'ange : 'Comment cela sera-t-il, puisque je ne connais pas d'homme (elle veut dire, qu'elle n'a pas de relations sexuelles) ?' L'ange lui répondit : 'L'Esprit Saint viendra sur toi, et la puissance du Très-Haut te prendra sous son ombre...' » - Luc 1 : 31, 34-35.

16

Donc, Marc et Jean ne parlent pas de la conception miraculeuse de Jésus. Comme si cela n'avait jamais eu lieu. Peut-être qu'ils considéraient que Jésus avait été conçu de manière naturelle et que Joseph était son vrai père. Mais Matthieu et Luc font mention d'une conception miraculeuse. Pourquoi ? Sans doute ne saurons-nous jamais la réponse complète à cette question. Par contre, pouvons-nous vraiment croire qu'une femme vierge puisse tomber enceinte sans avoir eu de relations sexuelles avec un homme ? Certainement pas ! Du moins, pas à cette époque ! Le clonage et la fécondation in vitro n'étaient pas encore disponibles, à moins d'avis contraire. Donc, si Marie est vraiment tombée enceinte avant d'être mariée à Joseph (elle n'était que fiancée), il est évident qu'elle a eu une ou plusieurs relations sexuelles considérées illégitimes à l'époque. Donc, Jésus était un enfant illégitime. Joseph n'était pas son père, mais son père adoptif. Jésus devait en être conscient et il est possible que Marie lui ait mis dans la tête qu'il avait été engendré par dieu et qu'il n'était pas un enfant illégitime ou peut-être Jésus a-t-il inventé cette croyance lui-même qu'il était le fils de dieu afin de combler le vide de ne pas avoir un vrai père. Peut-être Joseph ne donnait pas autant d'affection et d'attention à Jésus qu'au reste de ses frères et sœurs (Marc 6 : 3). Qui était le père de Jésus ? Selon le Talmud juif, ce serait un soldat romain dénommé Pandira (Panthera), la « Panthère ». - Sanhédrin, 67a, Kallah, 1b. (18b), Abhodah Zarah II et Schabbath XIV. Quoi qu'il en soit, il semble que cette conviction d'avoir été engendré par dieu ait contribué à développer sa psychose. Déjà à l'adolescence, on commence à en voir les premiers signes avant-coureurs :

« Ses parents se rendaient chaque année à Jérusalem pour la fête de la Pâque. Et lorsqu'il eut douze ans, ils y montèrent, comme c'était la coutume pour la fête. Une fois les jours écoulés, alors qu'ils s'en retournaient, l'enfant Jésus resta à Jérusalem à l'insu de ses parents. Le croyant dans la caravane, ils firent une journée de chemin, puis ils se mirent à le rechercher parmi leurs parents et connaissances. Ne l'ayant pas trouvé, ils revinrent, toujours à sa recherche, à Jérusalem. Et il advint, au bout de trois jours, qu'ils le trouvèrent dans le Temple, assis au milieu des docteurs, les écoutant et les interrogeant

; et tous ceux qui l'entendaient étaient stupéfaits de son intelligence et de ses réponses. À sa vue, ils furent saisis d'émotion, et sa mère lui dit : 'Mon enfant, pourquoi nous as-tu fait cela ? Vois ! Ton père et moi, nous te cherchons, angoissés.' Et il leur dit : 'Pourquoi donc me cherchiez-vous ? Ne saviez-vous pas que je dois être dans la maison de mon père ?' Mais eux ne comprirent pas la parole qu'il venait de leur dire. » - Luc 2 : 41-50.

Chose certaine, les parents de Jésus étaient croyants car il sont monté de Nazareth à Jérusalem pour la Pâque juive et lui ont vraisemblablement inculqué leur foi dès son jeune âge. Il est difficile de dire si Joseph et Marie ont fait preuve de négligence en ne s'assurant pas, dès le départ de la caravane, de la présence de Jésus à leur côté. Une chose est certaine, Jésus était indifférent de ne pas être aux côtés de ses parents depuis trois jours. Il faisait déjà preuve d'un retrait et d'une indifférence émotionnelle totale face aux sentiments de ses parents. Dans le Temple de Jérusalem, discutant avec des « docteurs » du judaïsme, Jésus discutait probablement de différents passages des écritures hébraïques (Ancien Testament) et faisait l'étalage de ses connaissances à ce sujet. Il devait être un garçon très brillant car il impressionnait ses interlocuteurs. Ses parents l'ayant finalement trouvé et nullement impressionnés par ses discours avec les « docteurs », lui demandent pourquoi il a fait cela. Jésus, dans son délire, leur répond : 'Je dois être dans la maison de mon Père'. Mais ses parents ne comprirent pas la logique de sa pensée. Pour eux cela ne faisait aucun bon sens.

Déjà, à l'adolescence, Jésus manifestait des traits schizophréniques. Son indifférence émotionnelle face à l'inquiétude de ses parents, ses discussions intenses à propos de la religion et la réponse délirante qu'il a donnée à ses parents, démontrent qu'il était dans un état prépsychotique dès l'âge de douze ans.

Étant donné que la schizophrénie est une maladie souvent familiale, est-ce que le véritable père de Jésus était schizophrène ? Impossible à dire, car nous ne connaissons pas l'histoire du père de

Jésus. Si Joseph était son père biologique, tout ce que nous savons de lui est qu'il était charpentier et croyant. Ou bien était-ce sa mère, Marie ? Au départ, Marie ne croyait pas que son fils était le fils de dieu ou quelqu'un de divin (Marc 3 : 20-21). Mais avec le temps, elle finit par croire en lui et ses frères aussi (Actes 1 : 12-14). Par conséquent, il est possible que Marie fût à l'origine de cette schizophrénie familiale. Il se peut qu'elle-même n'ait pas développé la maladie, mais qu'elle était porteuse du ou des gène(s) schizophrénique(s). Il est à noter qu'Élisabeth, mère de Jean le Baptiste était la parente ou cousine de Marie. Jean le Baptiste était, quant à lui, excentrique. Il vivait dans le désert, se vêtait d'une peau de chameau et mangeait des sauterelles et du miel sauvage, baptisait dans le Jourdain et prêchait la venue du christ. Il avait sans aucun doute des problèmes de santé mentale lui aussi … (Marc 1 : 1-8).

Chapitre 4

Le baptême de Jésus : premier épisode psychotique

Selon l'évangile de Luc, lorsque Jésus fût baptisé, il « avait environ trente ans ». (Luc 3 : 23). La schizophrénie débute habituellement chez les jeunes de 15 à 30 ans. Donc, elle a débuté dans la tranche d'âge habituelle chez Jésus également.

Voici comment l'évangile de Marc relate le baptême de Jésus par Jean le Baptiste :

« Et il advint qu'en ces jours-là Jésus vint de Nazareth de Galilée, et il fut baptisé dans le Jourdain par Jean. Et aussitôt, remontant de l'eau, il vit les cieux se déchirer et l'Esprit comme une colombe descendre vers lui, et une voix vint des cieux : 'Tu es mon Fils bien-aimé, tu as toute ma faveur.' » (Marc 1 : 9-11).

Jean le Baptiste prêchait un baptême de repentir pour la rémission des péchés, il baptisait et avait ses propres disciples (Marc 1 : 4-5, Jean 1 : 35). Jésus aussi se fit baptisé par Jean. Peu importe les raisons qui l'ont poussé à recevoir le baptême de Jean, il est clair qu'il était psychotique au moment de son baptême. Cela est confirmé par une hallucination visuelle (il voit les cieux qui se déchirent et une colombe descendre sur lui) et une hallucination auditive (il entend une voix des cieux disant qu'il est son fils et qu'il a sa faveur, celle de dieu.) Les hallucinations auditives sont fréquentes chez les schizophrènes et les hallucinations visuelles aussi. Il est intéressant de noter que l'évangile de Marc déclare qu' « il vit ». Seul Jésus semble avoir vu ces choses. N'oublions pas que l'évangile de Marc a été le premier à être rédigé et sans doute le plus fidèle à la réalité, le plus proche de ce qui s'est réellement passé. Les trois autres évangiles, laissent entendre que les autres personnes présentes lors de son baptême ont aussi vu et entendu les mêmes choses que Jésus (Matthieu 3 : 16-17, Luc 4 : 21-22, Jean 1 : 32-34). Toutefois, nous pouvons en douter ! À moins qu'une colombe passa près de lui par hasard à ce moment-là et que les gens l'ait interprété comme envoyée par dieu.

Par la suite, en psychose aigue, Jésus se désorganise et s'en va dans le désert pendant « 40 jours », jeûnant pendant tout ce temps. Étant donné qu'il était psychotique, il s'est mit à souffrir d'anorexie mentale. Après les 40 jours, supposément, le diable le tenta. Il lui suggéra de transformer des pierres en pain, de se jeter du haut du temple de Jérusalem sans se blesser et de gouverner sur le monde entier. En fait, Jésus entendait une voix et voyait peut-être quelqu'un, qu'il a identifié comme étant le diable. Mais, Jésus était encore une fois victime d'hallucinations auditives et visuelles. Se croyant le fils de dieu, il croyait aussi avoir des pouvoirs surnaturels, comme le croient aussi plusieurs schizophrènes. Jésus croyait ainsi avoir le pouvoir de transformer des pierres en pain, de se jeter du haut du temple sans se blesser et en plein délire de grandeur, il se croyait aussi capable de régner sur le monde entier. (Matthieu 4 : 1-10). Puis, selon Matthieu 4 : 11, «… le diable le quitte. Et voici que des anges s'approchèrent et ils le servaient. » Il s'agit encore d'une hallucination, car il est plus probable, qu'après plusieurs jours, sa famille l'ait finalement retrouvé seul dans le désert, affamé et sans doute déshydraté et qu'ils lui ait donné quelque chose à boire et à manger. Soit dit en passant, il est peu probable que Jésus ait réellement passé 40 jours dans le désert seul, sans eau ni nourriture. Il serait mort. Il n'a probablement passé que quelques jours. Ces « 40 jours » ont sans doute été inventés pour correspondre aux « 40 ans » que les Israélites passèrent dans le désert (Deutéronome 8 : 2,4). Il ne faut pas oublier que Jésus à l'âge de douze ans, en délire, était déjà resté quelques jours sans sa famille au temple de Jérusalem, discutant avec les « docteurs ».

Le baptême de Jésus semble avoir été l'élément déclencheur de sa psychose. Jésus a-t-il voulu devenir le disciple de Jean comme certains le prétendent ? Il a peut-être trouvé les enseignements de Jean le Baptiste attrayants et cela l'a mené à un délire religieux. Voici quel genre de paroles prêchait Jean le Baptiste :

« … Engeance de vipères, qui vous a suggéré d'échapper à la Colère prochaine ? Produisez donc des fruits dignes du repentir, et n'allez pas dire en vous-mêmes : 'Nous avons pour père Abraham.' Car je vous dis que Dieu peut, des pierres que voici, faire surgir des enfants à Abraham. Déjà même la cognée se trouve à la racine des arbres ; tout arbre donc qui ne produit pas de bon fruit va être coupé et jeté au feu. » - Luc 3 : 7-9

«…Que celui qui a deux tuniques partage avec celui qui n'en a pas, et que celui qui a de quoi manger fasse de même. » - Luc 3 : 11

Il faut remarquer que plus tard, Jésus prêcha dans un style semblable à celui de Jean le Baptiste. Ce qui nous laisse croire que ses enseignements l'ont profondément marqué. Voici quelques exemples des enseignements de Jésus qui ressemblent à ceux de Jean :

« Serpents, engeance de vipères ! Comment pourrez-vous échapper à la condamnation de la Géhenne (l'enfer) ? » - Matthieu 23 : 33

« … Je vous le dis, si eux se taisent, les pierres crieront. » - Luc 19 : 40

« Il n'y a pas de bon arbre qui produise un fruit gâté, ni inversement d'arbre gâté qui produise un bon fruit. Chaque arbre en effet se reconnaît à son propre fruit ; on ne cueille pas de figues sur des épines, on ne vendange pas non plus de raisin sur des ronces. L'homme bon, du bon trésor de son cœur, tire ce qui est bon, et celui qui est mauvais, de son mauvais fond, tire ce qui est mauvais ; car c'est du trop-plein du cœur que parle sa bouche. » - Luc 6 : 43

« Prenez un arbre bon : son fruit sera bon ; prenez un arbre gâté : son fruit sera gâté. Car c'est au fruit qu'on reconnaît l'arbre. Engeance de vipères, comment pourriez-vous tenir un bon langage, alors que vous êtes mauvais ? Car c'est du trop plein du cœur que la bouche parle. » - Matthieu 12 : 33-34

« Tout sarment en moi qui ne porte pas de fruit, il l'enlève… » - Jean 15 : 2

« Si quelqu'un ne demeure pas en moi, il est jeté dehors comme le sarment et il se dessèche ; on les ramasse et on les jette au feu et ils brûlent. » - Jean 15 : 6

« …Si tu veux être parfait, va, vends ce que tu possèdes et donne-le aux pauvres, et tu auras un trésor dans les cieux ; puis viens, suis-moi. » - Matthieu 19 : 21

« Alors les justes lui répondront : 'Seigneur, quand nous est-il arrivé de te voir affamé et de te nourrir, assoiffé et de te désaltérer, étranger et de t'accueillir, nu et de te vêtir, malade ou prisonnier et de venir te voir ? » - Matthieu 25 : 37-39

Il se peut que Jésus soit momentanément devenu le disciple de Jean le Baptiste et que par la suite, il l'ait quitté pour fonder sa propre secte basée sur une philosophie semblable. Cela arrive souvent de nos jours. Une personne peut se joindre à une secte et la quitter par la suite pour en fonder une autre, parce que cette dernière ne correspond pas tout à fait à ses points de vue. Jésus a même entraîné des disciples de Jean le Baptiste dans son mouvement :

« Le lendemain, Jean se tenait là, de nouveau, avec deux de ses disciples. Regardant Jésus qui passait, il dit : 'Voici l'agneau de Dieu'. Les deux disciples entendirent ses paroles et suivirent Jésus… » - Jean 1 : 35-37

Ce texte nous laisse croire que Jean le Baptiste approuvait le fait que ces deux disciples le quitte pour suivre plutôt Jésus, mais était-ce vraiment le cas ? Nul ne peut en être certain.

Le temps passait et le mouvement de Jean le Baptiste et de Jésus se faisait compétition en même temps. Finalement, plus de personnes se joignaient à la secte de Jésus qu'à celle de Jean. C'est ce que relate l'extrait suivant :

« Quand Jésus apprit que les Pharisiens avaient entendu dire qu'il faisait plus de disciples et en baptisait plus que Jean – bien qu'à vrai dire Jésus lui-même ne baptisât pas, mais ses disciples – , il quitta la Judée et s'en retourna en Galilée. » - Jean 4 : 1-2

Jésus a peut-être fondé sa propre secte parce que Jean n'était pas d'accord avec sa croyance qu'il était le fils de dieu ou peut-être avaient-ils d'autres divergences. En effet, Jean était loin d'être convaincu que Jésus était le christ ! Voici ce qu'on peut lire en Matthieu chapitre 11, alors que Jean avait déjà été emprisonné :

« Or Jean, dans sa prison, avait entendu parler des œuvres du Christ. Il lui envoya de ses disciples pour lui dire : 'Es-tu celui qui doit venir ou devons-nous en attendre un autre ?' » - Matthieu 11 : 2-3

Certains disent que la foi de Jean en Jésus s'est affaiblie alors qu'il vivait l'épreuve de l'emprisonnement. Cela n'est pas tout à fait exact. En fait, Jean n'a jamais eu foi en Jésus ! Et cela même si certains passages essaient de nous faire croire que c'était le cas (Jean 1 : 29-36). S'il aurait eu foi en lui, ne l'aurait-il pas suivit lui aussi ? N'aurait-il pas encouragé tous ses disciples à suivre Jésus ? Bien au contraire, Jean a continué de baptiser de son côté avec ses propres disciples sans suivre Jésus. Si Jean aurait cru que Jésus était le fils de dieu, le christ, il aurait sûrement été à sa suite lui aussi, comme bien d'autres l'ont fait.

Éventuellement, Jean le Baptiste sera plus tard décapité (Matthieu 14 : 3-12). Bien qu'ils se faisaient compétition, Jean avait déjà été son maître spirituel et Jésus a dû en être profondément attristé et perturbé, car selon son habitude il alla s'isoler, seul, sans doute pour digérer tout cela :

« L'ayant appris, Jésus se retira en barque dans un lieu désert, à l'écart… » - Matthieu 14 : 13

Chapitre 5

Les pensées et gestes de Jésus : était-il sain d'esprit ?

Après sa « tentation au désert », Jésus retourne à Nazareth :

« Il vint à Nazara où il avait été élevé, entra, selon sa coutume le jour du sabbat, dans la synagogue, et se leva pour faire la lecture. On lui remit le livre du prophète Isaïe et, déroulant le livre, il trouva le passage où il était écrit : L'esprit du Seigneur est sur moi, parce qu'il m'a consacré par l'onction, pour porter la bonne nouvelle aux pauvres. Il m'a envoyé annoncer aux captifs la délivrance et aux aveugles le retour à la vue, renvoyer en liberté les opprimés, proclamer une année de grâce du Seigneur. (…) Alors il se mit à leur dire : 'Aujourd'hui s'accomplit à vos oreilles ce passage de l'Écriture.' » - Luc 4 : 16-21

Quelle prétention ! Jésus applique à lui-même une prophétie de l'ancien testament ! Il s'accorde une importance exagérée. Son délire de grandeur se poursuit et ce n'est qu'un début.

Certes, Jésus aurait dit de belles paroles de paix et d'amour du prochain. Cependant, tous ce qu'il a prêché n'était pas équilibré, loin de là ! En voici quelques exemples. En Matthieu chapitre 5 Jésus dit :

« …Quiconque regarde une femme pour la désirer a déjà commis, dans son cœur, l'adultère avec elle. Que si ton œil droit est pour toi une occasion de péché, arrache-le et jette-le loin de toi : car mieux vaut pour toi que périsse un seul de tes membres et que tout ton corps ne soit pas jeté dans la géhenne (l'enfer). Et si ta main droite est pour toi une occasion de péché, coupe-la et jette-la loin de toi : car mieux vaut pour toi que périsse un seul de tes membres et que tout ton corps ne s'en aille pas dans la géhenne. » - Matthieu 5 : 28-30 ; 18 : 8-9

Ce genre de déclaration ne provenait sûrement pas de quelqu'un qui était sain d'esprit ! Il s'agit d'un encouragement à la suppression des plaisirs et à l'automutilation qui se voit souvent chez les schizophrènes. Ils pensent que le plaisir et le divertissement, c'est mal. Il est à noter que certains patients psychiatriques ont obéi à ces paroles de Jésus et se sont effectivement arrachés les yeux. Dans la province de Québec (Canada), il y avait un gourou du nom de Rock « Moïse » Thériault, qui avait littéralement coupé un bras de l'une de ses adeptes et en plus sans anesthésie. Il ne fait aucun doute que Jésus était un malade mental du même genre qui aurait dû être enfermé. Malheureusement, la psychiatrie et les médicaments n'existaient pas à cette époque…

Jésus était quelqu'un de vraiment extrémiste. Il interdit le divorce, sauf en cas de « prostitution » ou infidélité conjugale :

« …quiconque répudie sa femme – pas pour 'prostitution' – et en épouse une autre, commet un adultère. » - Matthieu 19 : 9

Cela signifie donc que les chrétiens ne peuvent divorcer, même s'ils ne s'entendent vraiment plus avec leur conjoint ou que la situation devient invivable. Cela n'est vraiment pas équilibré et est insensé. Il faut être raisonnable et parfois après un certain temps, il arrive que 2 personnes ne s'aiment plus et doivent se quitter. Cela est tout à fait normal. C'est la mentalité de Jésus qui n'est pas normale. En fait, il n'était pas normal.

Jésus n'avait pas un très bon contact avec la réalité matérielle dans laquelle nous vivons. Cela se voit dans les extraits suivants :

« Ne vous amassez point de trésors sur la terre, où la mite et le ver consument, où les voleurs percent et cambriolent. Mais amassez-vous des trésors dans le ciel… » - Matthieu 6 : 19-20

« …Si tu veux être parfait, va, vends ce que tu possèdes et donne-le aux pauvres, et tu auras un trésor dans les cieux ; puis viens, suis-moi. » - Matthieu 19 : 21

« En vérité, je vous le dis, il sera difficile à un riche d'entrer dans le Royaume des Cieux. Oui, je vous le répète, il est plus facile à un chameau de passer par un trou d'aiguille qu'à un riche d'entrer dans le Royaume des Cieux. » - Matthieu 19 : 23-24

« Ne vous inquiétez donc pas en disant : Qu'allons-nous manger ? Qu'allons-nous boire ? De quoi allons-nous nous vêtir ? (…) Cherchez d'abord son Royaume et sa justice, et tout cela vous sera donné par surcroît. Ne vous inquiétez donc pas du lendemain… » - Matthieu 6 : 31-34

Si quelqu'un suit ces recommandations, il se retrouvera dans d'importantes difficultés financières tôt ou tard ! La réalité est que nous avons besoins d'argent pour vivre et beaucoup en plus ! Plusieurs personnes croyant aux paroles de Jésus ont suivit ces recommandations et se sont retrouvées dans une pauvreté extrême absolument pour rien. Car il n'y a pas de cieux ou paradis où l'on sera dédommagés ou récompensés. Heureusement, plusieurs se sont finalement rendues compte qu'il s'agissait d'une folie et ont fait marche arrière, mais souvent le mal était déjà fait. Elles se rendent compte par la suite qu'elles ont perdues plusieurs années de leur vie et beaucoup d'argent pour des faux espoirs de vie éternelle dans un paradis futur.

Alors que Jésus envoi ses disciples prêcher le royaume des cieux, il leur dit ceci :

« Ne vous procurez ni or, ni argent, ne menue monnaie pour vos ceintures, ni besace pour la route, ni deux tuniques, ni sandales, ni bâton : car l'ouvrier mérite sa nourriture. » - Matthieu 10 : 9-10

Encore une autre déclaration irréaliste ! Jésus et ses disciples devaient alors vivre de la mendicité et au frais des autres, comme beaucoup de schizophrènes vivent de l'aide sociale de nos jours et mendient dans les rues.

Voici encore un autre exemple qui nous démontre qu'il était complètement déconnecté de la réalité :

« Alors, prenant la parole, Pierre lui dit : « Voici que nous, nous avons tout laissé et nous t'avons suivi, quelle sera donc notre part ? » Jésus leur dit « En vérité je vous le dis, à vous qui m'avez suivi : dans la régénération, quand le Fils de l'homme siégera sur son trône de gloire, vous siégerez vous aussi sur douze trônes, pour juger les douze tribus d'Israël. Et quiconque aura laissé maisons, frères, sœurs, père, mère, enfants ou champs, à cause de mon nom, recevra bien davantage et aura en héritage la vie éternelle. » - Matthieu 19 : 27-29

Encore une fois, Jésus fait des promesses insensées à ses disciples en leur disant que bien qu'ils aient tout abandonné derrière eux pour le suivre, ils seront récompensés dans le futur en devenant des juges. Cela faisait encore partit de son délire et ses disciples l'ont cru semble-t-il. Ils étaient très naïfs et faciles à manipuler.

Jésus souffrait également de méfiance envers les autres et dit à ses disciples qu'ils seraient persécutés :

« Méfiez-vous des hommes : ils vous livreront aux sanhédrins et vous flagelleront dans leurs synagogues …etc. » - Matthieu 10 : 17-25

Cette méfiance est typique de la schizophrénie et cela découle de la paranoïa. Il faut dire qu'avec le genre de choses qu'il prêchait et faisait, il ne se faisait pas juste des amis, mais aussi des ennemis. L'opposition qu'il devait rencontrer parfois a sans doute aussi contribué à développer sa paranoïa et sa méfiance.

Comme c'était le cas durant son adolescence, Jésus se détache une fois de plus émotionnellement de sa famille en disant :

« Qui est ma mère et qui sont mes frères ? » Et tendant sa main vers ses disciples, il dit : « Voici ma mère et mes frères. Car quiconque fait la volonté de mon Père qui est aux cieux, celui-là m'est un frère et une sœur et une mère. » - Matthieu 12 : 48-50

Ce détachement émotionnel correspond à la diminution de l'affectivité (ou athymie) qui est un affaissement des émotions et se traduit par une incapacité apparente de ressentir ou de témoigner quelque émotion que ce soit.

Il parle aussi beaucoup en paraboles, que lui seul comprend, ce qui donne l'impression à ses auditeurs d'être fou. Même ses disciples ne comprennent pas toujours. Il doit les leur expliquer. Il y a entres autres la parabole du semeur, de l'ivraie, du grain de sénevé, du levain, du trésor et de la perle, et du filet, pour ne citer que celles-là. Rien que du délire sur le diable, les anges, les justes, les méchants, le royaume des cieux et le jugement dernier. (Matthieu chapitre 13).

Voici une hallucination visuelle parmi d'autres :

« Je voyais Satan tomber du ciel comme l'éclair ! » - Luc 10 : 18

À un autre moment, alors qu'il racontait à ses disciples qu'il devait souffrir et être crucifié, Pierre lui dit que cela ne lui arrivera pas. Alors Jésus lui répondit : « Passe derrière moi, Satan ! » (Matthieu 16 :21-23) Il croyait, que Satan utilisait son disciple Pierre contre lui. Quelle paranoïa !

Voici un autre exemple de délire de persécution. Alors que Jésus fait un beau discours au Temple de Jérusalem, il dit ceci :

« (…) Pourquoi cherchez-vous à me tuer ? » - Jean 7 : 19

Voici une crise de paranoïa aiguë ! Les Juifs cherchaient-ils vraiment à le tuer ? Voici un indice :

« La foule répondit : 'Tu as un démon (en voulant dire : tu es fou !). Qui cherche à te tuer ?' » - Jean 7 : 20

« Certains des gens de Jérusalem disaient : 'N'est-ce pas lui qu'ils cherchent à tuer ? Et le voilà qui parle ouvertement sans qu'ils lui disent rien ! » - Jean 7 : 25-26

« Ils cherchaient alors à le saisir, mais personne ne porta la main sur lui, parce que son heure n'était pas encore venue. » - Jean 7 : 30

Jésus, dans son délire paranoïde, croyait qu'on cherchait à le tuer, ce qui n'était pas l'avis de la foule qui pensait qu'il était fou. De plus, 'personne ne porta la main sur lui'. Il est donc clair que personne ne cherchait à le tuer ! Du moins, pas à ce moment-là. D'ailleurs, certains évangiles apocryphes ne mentionnent pas la crucifixion et la mort de Jésus. Alors, cette peur de se faire tuer, n'était probablement pas justifiée. Il mentionne encore cette peur en Jean 8 : 37 : « ...vous cherchez à me tuer... ». Les schizophrènes ont souvent ce genre de peur, ils croient qu'on cherche à les tuer ou leur faire du mal ou qu'il existe un complot contre eux. Cela fait partie des symptômes de leur maladie. Jésus pensait aussi qu'un de ses disciples, Judas Iscariote, était un « diable » - Jean 6 : 70-71

On voit encore en Matthieu chapitre 17 et 18, la croyance de Jésus en des pouvoirs surnaturels qui se voit souvent chez les schizophrènes :

« ...si vous avez de la foi gros comme un grain de sénevé, vous direz à cette montagne : Déplace-toi d'ici à là, et elle se déplacera, et rien ne vous sera impossible. » - Matthieu 17 : 20

« ...si deux d'entre vous, sur la terre, unissent leurs voix pour demander quoi que ce soit, cela leur sera accordé par mon Père qui est aux cieux. Que deux ou trois, en effet, soient réunis en mon nom, je suis là au milieu d'eux. » - Matthieu 18 : 19-20

Jésus, se croyant le fils de dieu, pensait avoir droit à un service cinq étoiles de la part du royaume végétal :

« Voyant de loin un figuier qui avait des feuilles, il alla voir s'il y trouverait quelque fruit, mais s'en étant approché, il ne trouva rien que des feuilles : car ce n'était pas la saison des figues. S'adressant au figuier, il lui dit : 'Que jamais plus personne ne mange de tes fruits!' Et ses disciples l'entendaient. (…) Passant au matin, ils virent le figuier desséché jusqu'aux racines.» - Marc 11 : 13-14, 20

Selon le récit parallèle de Matthieu chapitre 21 : 18-19, le figuier s'est desséché à l'instant même. Ces deux versions sont impossibles ! Quoi qu'il en soit, on remarque la mentalité de Jésus : il est le fils de dieu, et les arbres doivent lui servir de quoi manger sur demande, même si ce n'est pas la saison de porter des fruits. Quelle attitude enfantine et délirante ! Et en plus, il parle à un arbre, comme si l'arbre pouvait l'entendre. Jésus pensait avoir des superpouvoirs et être capable de punir le figuier qui ne lui a pas donné de fruit sur commande. Ce genre de pensée est une croyance délirante rencontrée souvent chez les schizophrènes. Plusieurs pensent avoir des pouvoirs spéciaux et être invincibles. Par exemples, certains pourront s'immoler par le feu, convaincus d'être protégé. Cela n'est pas sans conséquences.

En Matthieu chapitre 19, Jésus, avec une philosophie ascétique, encourage ses disciples à pratiquer l'abstinence sexuelle :

« …Tous ne comprennent pas ce langage, mais ceux-là à qui c'est donné. Il y a, en effet, des eunuques (hommes castrés) qui sont nés ainsi du sein de leur mère, il y a des eunuques qui le sont devenus par l'action des hommes, et il y a des eunuques qui se sont eux-mêmes rendus tels à cause du Royaume des Cieux. Qui peut comprendre, qu'il comprenne ! » - Matthieu 19 : 11-12

Il ne s'agit pas là d'une philosophie équilibrée ! Il s'agit encore là d'un encouragement à peine voilé à l'automutilation. Une sexualité saine est nécessaire au maintien d'une bonne santé mentale. Les schizophrènes en général, n'aiment pas les relations interpersonnelles et les contacts physiques avec les autres. Encore bien moins bon nombre d'entre eux sont-ils capables de prendre des démarches pour avoir une personne dans leur vie et avoir des relations sexuelles. Ils passent souvent leurs vies seuls, célibataires. Ils pensent que la sexualité c'est mal. Il est notoire que Jésus est resté célibataire toute sa vie et est probablement mort vierge selon les évangiles canoniques. Certains évangiles apocryphes font mention que Jésus entretenait une relation amoureuse avec Marie Madeleine. Il s'agit de l'évangile de Philippe et l'évangile de Marie Madeleine. Thème repris par le livre The Da Vinci Code. Cependant, il n'y a aucun moyen de vérifier l'exactitude de ces écrits.

Certains pensent aussi que l'apôtre Jean et Jésus entretenaient une relation homosexuelle. Au moment de la Pâque, l'évangile de Jean rapporte ceci :

« Un de ses disciples (Jean) était installé tout contre Jésus : celui qu'aimait Jésus. » - Jean 13 : 23

Puis, après sa « résurrection » on peut lire ceci :

« Se retournant, Pierre aperçoit, marchant à leur suite, le disciple que Jésus aimait... » - Jean 21 : 20

Ces passages laissent entendre que Jésus entretenait avec Jean, une relation plus proche qu'avec les autres disciples. Il se peut que ce soit simplement de l'amitié. D'autres pensent qu'il s'agissait d'une relation homosexuelle. Cependant, il n'y a aucun moyen de vérifier l'une ou l'autre des hypothèses, car nous ne disposons pas assez d'informations. Il est intéressant de noter, que le repas de la Pâque, la célèbre « Cène » peinte par Léonard de Vinci, représente l'apôtre Jean avec un visage efféminé. Il est possible que Léonard de Vinci ait personnellement crû qu'il s'agissait effectivement d'une relation homosexuelle. Le best seller The Da Vinci code, prétend qu'il s'agit de Marie Madeleine. Mais c'est peu probable. Cette œuvre est visible au couvent Santa Maria delle Grazie à Milan en Italie.

Jésus avait également une tendance à l'isolement social, comme bien des schizophrènes :

Après son baptême, comme nous l'avons vu précédemment, Jésus va s'isoler dans le désert pendant plusieurs jours alors qu'il se trouve psychotique et halluciné (Matthieu 4 : 1-11). Voici d'autres exemples :

« Le matin, bien avant le jour, ils se leva, sortit et s'en alla dans un lieu désert, et là il priait. » - Marc 1 : 35

« Le jour venu, il sortit et se rendit dans un lieu désert... » - Luc 4 : 42

« Mais lui se tenait retiré dans les déserts et priait. » - Luc 5 : 16

« Or il advint, en ces jours-là, qu'il s'en alla dans la montagne pour prier, et il passa toute la nuit à prier Dieu. » - Luc 6 : 12

« Alors Jésus, sachant qu'ils allaient venir s'emparer de lui pour le faire roi, s'enfuit à nouveau dans la montagne, tout seul. » - Jean 6 : 15

Probablement qu'en restant seul, cela diminuait les stimuli extérieurs et cela le calmait. Ou bien, peut-être éprouvait-il le besoin d'être seul pour vaquer à ses hallucinations sans être dérangé par les autres. Certains diront que Jésus n'était pas isolé, mais était souvent avec d'autres personnes. C'est vrai. Mais lorsqu'il était avec d'autres, c'était pour prêcher ses délires et entrer en conflit avec la société de son époque. Les évangiles sont relativement courts et ne racontent pas en détail toute la vie de Jésus. Il est difficile d'évaluer combien de temps exactement il passait seul et combien de temps il passait avec d'autres personnes pour socialiser. Mais il est clair d'après les versets cités précédemment, qu'il aimait se retrouver seul. Il est tout à fait normal d'avoir besoin de se retrouver seul à l'occasion. Par contre, dans le cas de Jésus, il semblerait qu'il s'isolait plus que la normale. De plus, il serait resté célibataire toute sa vie. Cela a contribué à son isolement social.

Comme nous l'avons vu dans le premier chapitre l'isolement social peut être causé par une dépression ou parce que le sujet se sent en sécurité lorsqu'il est seul ou qu'il est tellement absorbé par ses hallucinations ou sa paranoïa qu'il ne peut plus supporter la présence d'autrui. Les personnes atteintes de schizophrénie sont souvent incapables d'entretenir des relations avec les autres.

Chapitre 6

Ses délires à propos de son Père

Comme nous l'avons vu au début, Jésus tenait déjà à l'adolescence un discours délirant à propos de son « Père » :

« Et il leur dit : 'Pourquoi donc me cherchiez-vous ? Ne saviez-vous pas que je dois être dans la maison de mon Père?' » – Luc 2 : 49

Jésus, probablement enfant illégitime, s'imaginait que dieu était son père et il entendait sa voix régulièrement. Peut-être le voyait-il également. Ces hallucinations le réconfortaient sans doute dû au manque d'affection paternelle dont il a vraisemblablement souffert. Car, Joseph n'était que son père adoptif. La plupart des schizophrènes entendent des voix. Parfois, celles de leurs parents, réels ou imaginaires. Cette voix qu'il identifiait comme étant celle de son père, lui ordonnait de dire et de faire certaines choses. C'est ce qu'on peut voir dans les extraits suivants :

«Ma nourriture est de faire la volonté de celui qui m'a envoyé et de mener son œuvre à bonne fin.» - Jean 4 : 34

« Mon Père est à l'œuvre jusqu'à présent et j'œuvre moi aussi. » - Jean 5 : 17

« …le fils ne peut rien faire de lui-même, qu'il ne le voie faire au Père ; ce que fait celui-ci, le Fils le fait pareillement. Car le Père aime le Fils et lui montre tout ce qu'il fait… » - Jean 5 : 19-20

« (…) Je juge selon ce que j'entends : et mon jugement est juste, parce que je ne cherche pas ma volonté, mais la volonté de celui qui m'a envoyé. » - Jean 5 : 30

« Et le Père qui m'a envoyé, lui, m'a rendu témoignage. Vous n'avez jamais entendu sa voix, vous n'avez jamais vu sa face. » - Jean 5 :37

« …je suis descendu du ciel pour faire non pas ma volonté, mais la volonté de celui qui m'a envoyé. » - Jean 6 : 38

« Non que personne ait vu le Père, sinon celui (Jésus) qui vient d'auprès de Dieu : celui-là a vu le Père. » - Jean 6 : 46

« Ma doctrine n'est pas de moi, mais de celui qui m'a envoyé. » - Jean 7 : 16

« … ce n'est pas de moi-même que je suis venu, mais celui qui m'a envoyé est véridique. » Jean 7 : 28

« …et s'il m'arrive de juger, moi, mon jugement est selon la vérité, parce que je ne suis pas seul ; mais il y a moi et celui qui m'a envoyé. » - Jean 8 : 16

« J'ai beaucoup à dire et à juger ; mais celui qui m'a envoyé est véridique et je dis au monde ce que j'ai entendu de lui. » - Jean 8 : 26

« …je ne fais rien de moi-même, mais je dis ce que le Père m'a enseigné, et celui qui m'a envoyé est avec moi ; il ne m'a pas laissé seul, parce que je fais toujours ce qui lui plaît. » - Jean 8 28-29

Il est clair que Jésus entendait une voix qui lui disait quoi dire et quoi faire. Il était cependant convaincu que c'était celle de dieu. Il souffrait de puissantes hallucinations auditives et visuelles constantes. Et si des gens le critiquait, il disait que ce n'était pas lui, mais la voix de son 'Père' qui en était responsable. Les schizophrènes tiennent aussi ce genre de discours en disant que leurs paroles et leurs actions sont la faute des voix qu'ils entendent.

Jésus n'a aucune autocritique face à ses hallucinations.

Les juifs lui disent :

« ...tu as un démon (voulant dire : 'Tu es fou'). » - Jean 8 : 48
« Jésus répondit : ' Je n'ai pas de démon (voulant dire : 'Je ne suis pas fou'. » - Jean 8 : 49

« Moi et le Père nous sommes un » - Jean 10 : 30

Jésus va encore plus loin ici, il prétend être Dieu ! On remarque une grandiosité importante dans son discours et cela fait partie de sa psychose.

« Voici venir l'heure et elle est venue où vous serez dispersés chacun de votre côté et me laisserez seul. Mais je ne suis pas seul : le Père est avec moi. » - Jean 16 : 32

Une fois de plus, nous pouvons voir que Jésus est toujours accompagné par la voix de son « père » avec laquelle il peut discuter même s'il est seul, comme font souvent les personnes atteintes de schizophrénie.

Chapitre 7

La « Transfiguration »

Voici maintenant un épisode fascinant de la vie de Jésus où il vit une hallucination visuelle et auditive intense. On l'appelle « La Transfiguration ». Voici ce que relate Marc chapitre 9 :

« …Jésus prend avec lui Pierre, Jacques et Jean et les emmène seuls, à l'écart, sur une haute montagne. Et il fut transfiguré devant eux et ses vêtements devinrent resplendissants, d'une telle blancheur qu'aucun foulon sur terre ne peut blanchir de la sorte. Élie leur apparut avec Moïse et ils s'entretenaient avec Jésus. Alors Pierre, prenant la parole, dit à Jésus : « Rabbi, il est heureux que nous soyons ici ; faisons donc trois tentes, une pour toi, une pour Moïse et une pour Élie. » C'est qu'il ne savait que répondre, car ils étaient saisis de frayeur. Et une nuée survint qui les prit sous son ombre, et une voix partit de la nuée : « Celui-ci est mon Fils bien-aimé ; écoutez-le. » Soudain, regardant autour d'eux, ils ne virent plus personne, que Jésus seul avec eux. » - Marc 9 : 2-8 ; récits parallèles en Matthieu 17 : 1-8 et Luc 9 : 28-36.

Moïse et Élie étaient des personnages de l'ancien testament qui étaient morts depuis longtemps. Il est certain qu'ils n'ont pas pu apparaître à Jésus et aux disciples qui l'accompagnaient sur la montagne. Ce qu'il faut comprendre de ce récit, c'est que Jésus s'est retrouvé halluciné, a vu Moïse et Élie et s'est mis à parler avec eux. Les disciples étaient effrayés de voir Jésus parler tout seul et ' regardant autour d'eux, ils ne virent personne, sinon Jésus seul.' Pierre, semble-t-il, était le plus âgé des disciples. Il était donc le plus mature. Évitant donc sagement de confronter Jésus sur ses hallucinations, il propose de lui faire une tente pour lui et pour chacun de ses amis imaginaires pour aller se reposer. Sans doute se disait-il que si Jésus n'allait pas bien, c'était peut-être parce qu'il était trop fatigué et qu'il avait besoin d'un peu de repos.

Ce genre de comportement se voit souvent chez les personnes atteintes de schizophrénie. Elles parlent seules à des personnes imaginaires qu'elles croient réelles. C'est ce qu'on appelle des hallucinations. Il est souvent inutile de confronter les personnes malades en leur disant qu'il n'y a personne autour d'elles et qu'elles sont les seules à entendre leurs voix. Car, pour elles, ces voix et ces personnes sont bien réelles. Les confronter à ce sujet entraîne plutôt un stress et une résistance. Il faut souvent une intervention appropriée pour les faire passer à autre chose. Heureusement, aujourd'hui, les médicaments antipsychotiques permettent de diminuer la fréquence et l'intensité des hallucinations et des délires, ce qui n'était pas le cas il y a 2 000 ans.

Chapitre 8

Jésus : un homme violent

Selon les évangiles, à au moins 2 reprises, Jésus est entré dans le temple de Jérusalem et a fait beaucoup de saccage. Le premier incident est rapporté par l'évangile de Jean Chapitre 2 :

« La Pâque des Juifs était proche et Jésus monta à Jérusalem. Il trouva dans le Temple les vendeurs de bœufs, de brebis et de colombes et les changeurs assis. Se faisant un fouet de cordes, il les chassa tous du Temple et les brebis et les bœufs ; il répandit la monnaie des changeurs et renversa leurs tables, et aux vendeurs de colombes il dit : « Enlevez cela d'ici. Ne faites pas de la maison de mon Père une maison de commerce. » - Jean 2 : 13-16

Ce récit est le premier incident, au début de son ministère, après les noces de Cana. Le second se passe vers la fin, alors qu'il venait d'arriver à Jérusalem depuis peu de temps et que sa crucifixion approchait. Il se peut qu'il s'agisse d'un seul et même événement, dont la situation dans le temps est complètement différente entre les évangiles synoptiques et l'évangile de Jean :

« Ils arrivent à Jérusalem. Étant entré dans le Temple, il se mit à chasser les vendeurs et les acheteurs qui s'y trouvaient : il culbuta les tables des changeurs et les sièges des marchands de colombes, et il ne laissait personne transporter d'objet à travers le Temple. Et il les enseignait et il leur disait : ' N'est-il pas écrit : Ma maison sera appelée une maison de prière pour toutes les nations ? Mais vous, vous en avez fait un repaire de brigands!' » - Marc 11 : 15-17

Ces 2 événements sont à peu près semblables. Jésus, s'étant désorganisé, fait preuve d'une violence sans précédent envers des objets et des animaux et possiblement les vendeurs et les changeurs aussi qu'il frappe avec un fouet de cordes. Il a donc utilisé le fouet comme une arme. Il renverse des tables et des chaises. Il avait un tempérament très violent et était hors de contrôle, en pleine agitation psychotique. Ces 2 incidents étaient très graves et si Jésus vivait aujourd'hui, on aurait appelé la police pour le maîtriser et on l'aurait emmené faire un séjour en psychiatrie pour recevoir des médicaments antipsychotiques et anxiolytiques pour diminuer son agitation. Il avait donc un potentiel d'agressivité très élevé malgré les belles paroles qu'il prêchait.

Jésus ne faisait pas seulement preuve de violence physique, mais aussi psychologique et verbale. C'est ce qu'on peut lire dans les extraits suivants :

« Ne craignez rien de ceux qui tuent le corps, mais ne peuvent tuer l'âme ; craignez plutôt Celui qui peut perdre dans la géhenne à la fois l'âme et le corps. » - Matthieu 10 : 28

Jésus a fait peur à ses disciples avec la notion de Géhenne (ou d'Enfer), lieu de flammes et de souffrances éternelles. Il leur laisse entendre que s'ils n'obéissaient pas, ils s'y retrouveraient en guise de punition. La plupart des religions et sectes chrétiennes ont utilisé et utilisent encore cette croyance en la Géhenne pour faire peur à leurs ouailles et les amener à se soumettre à leur doctrine. Cela s'appelle jouer la carte de la peur et ça fonctionne.

Jésus, étant convaincu d'être le fils de dieu et d'avoir raison dans ses croyances, condamne les villes qui n'ont pas accepté ses enseignements :

« Malheur à toi, Chorazeïn ! Malheur à toi, Bethsaïde ! Car si les miracles qui ont eu lieu chez vous avaient eu lieu à Tyr et Sidon, il y a longtemps que, sous le sac et dans la cendre, elles se seraient repenties. Aussi bien, je vous le dis, pour Tyr et Sidon, au Jour du Jugement, il y aura moins de rigueur que pour vous. Et toi, Capharnaüm, crois-tu que tu seras élevée jusqu'au ciel ? Jusqu'à l'Hadès tu descendras. Car si les miracles qui ont eu lieu chez toi avaient eu lieu à Sodome, elle subsisterait encore aujourd'hui. Aussi bien, je vous le dis, pour le pays de Sodome il y aura moins de rigueur, au Jour du Jugement, que pour toi. » - Matthieu 11 : 21-24

Jésus fait preuve de violence verbale en condamnant sévèrement les habitants des villes qui n'acceptent pas ses points de vues, allant jusqu'à dire que la Sodome biblique, détruite par une pluie de feu et de souffre, allait subir un jugement moins sévère qu'eux ! (Genèse 19 : 23-25). Il leur souhaitait une souffrance atroce. Jésus avait des pensées assez violentes. Il donnait à ses points de vue une importance exagérée. On remarque le même état d'esprit en Matthieu chapitre 12 :

« Les hommes de Ninive se dresseront lors du Jugement avec cette génération et ils la condamneront, car ils se repentirent à la proclamation de Jonas et il y a ici plus que Jonas ! La reine du Midi se lèvera lors du Jugement avec cette génération et elle la condamnera, car elle vint des extrémités de la terre pour écouter la sagesse de Salomon, et il y a ici plus que Salomon ! » - Matthieu 12 : 41-42

Le prophète Jonas est celui qui, selon la mythologie biblique, passa 3 jours dans le ventre d'un monstre marin. Salomon, quant à lui, était le troisième roi d'Israël, réputé pour sa grande sagesse. Jésus se croyait meilleur et plus sage qu'eux ! C'était un véritable délire de grandeur.

Voici une autre déclaration témoignant de sa violence psychologique et verbale. S'adressant aux scribes et Pharisiens de l'époque, il leur dit :

« Serpents, engeance de vipères ! Comment pourrez-vous échapper à la condamnation de la Géhenne (l'enfer) ? » - Matthieu 23 : 33

Ses multiples mentions de la « Géhenne » sont une véritable obsession à propos du châtiment éternel que méritent selon lui les méchants, c'est-à-dire ceux qui n'acceptent pas ses paroles. Cette croyance en l'enfer se retrouve dans plusieurs religions. Elle est probablement apparut en ancienne Égypte, bien avant l'apparition du judaïsme et du christianisme.

Chapitre 9

Ses délires sur la fin du monde

En Matthieu chapitre 24, Jésus croyant revenir à la fin du monde pour détruire les méchants, prophétise en ces termes :

« Vous aurez aussi à entendre parler de guerres et de rumeurs de guerres ; voyez, ne vous alarmez pas : car il faut que cela arrive, mais ce n'est pas encore la fin. On se dressera, en effet, nation contre nation et royaume contre royaume. Il y aura par endroits des famines et des tremblements de terre. » - Matthieu 24 : 6-7

N'oublions pas que ces choses ont toujours eu lieu et que la fin de monde ne s'est pas produite pour autant ! Il y a eu des guerres innombrables au cours de l'histoire de l'humanité, des famines nombreuses et des tremblements de terres sans nombres. Ces choses se produisaient déjà bien avant la venue au monde de Jésus ! Ces choses sont naturelles et ne sont nullement annonciatrices d'une fin du monde prochaine.

Puis il dit que ses disciples seront persécutés, que des faux prophètes viendront, que la bonne nouvelle du royaume sera proclamée et que la fin du monde viendra. Il fait aussi allusion aux prophéties de Daniel dans l'ancien testament (voir Matthieu chapitre 24, Marc chapitre 13 et Luc chapitre 21.) Il parle aussi de signes grandioses et se croit investit d'un très grand pouvoir :

« Aussitôt après la tribulation de ces jours-là, le soleil s'obscurcira, la lune ne donnera plus sa lumière, les étoiles tomberont du ciel, et les puissances des cieux seront ébranlées. Et alors apparaîtra dans le ciel le signe du Fils de l'homme (lui-même) ; et alors toutes les races de la terre se frapperont la poitrine ; et l'on verra le Fils de l'homme venant sur les nuées du ciel avec puissance et grande gloire. Et il enverra ses anges avec une trompette sonore, pour rassembler ses élus des quatre vents, des extrémités des cieux à leurs extrémités. » - Matthieu 24 : 29-31

« Comme les jours de Noé, ainsi sera l'avènement du Fils de l'homme. En ces jours qui précédèrent le déluge, on mangeait et on buvait, on prenait femme et mari, jusqu'au jour où Noé entra dans l'arche, et les gens ne se doutèrent de rien jusqu'à l'arrivée du déluge, qui les emporta tous. Tel sera aussi l'avènement du Fils de l'homme. » - Matthieu 24 : 37-39

Puis, il prononce encore ses fameuses paraboles, au lieu de parler normalement. Il y a celle du majordome, des dix vierges et des talents. Et en voici une autre qui témoigne encore qu'il se croyait tout-puissant :

« Quand le Fils de l'homme viendra dans sa gloire, escorté de tous les anges, alors il prendra place sur son trône de gloire. Devant lui seront rassemblées toutes les nations, et il séparera les gens les uns des autres, tout comme le berger sépare les brebis des boucs. Il placera les brebis à sa droite, et les boucs à sa gauche. Alors le Roi dira à ceux de droite : 'Venez, les bénis de mon Père, recevez en héritage le Royaume qui vous a été préparé de puis la fondation du monde.'(…) Alors il dira encore à ceux de gauche : ' Allez loin de moi, maudits, dans le feu éternel qui a été préparé pour le diable et ses anges' (…) Et ils s'en iront, ceux-ci à une peine éternelle, et les justes à une vie éternelle. » - Matthieu 25 : 31-46

Il se croit investit d'un pouvoir royal et avoir le droit de condamner les gens à l'enfer s'il le veut et de donner la vie éternelle à ceux qu'il veut. Tout cela découle de sa ferme conviction d'être le fils de dieu. Il n'était vraiment pas dans la réalité et on y constate une importante grandiosité.

Chapitre 10

Ses derniers moments

Alors qu'il célébrait la Pâque juive avec ses disciples, Jésus parle encore en paraboles et compare son corps à du pain et son sang à du vin :

« (…) Jésus prit du pain, le bénit, le rompit et le donna aux disciples en disant ; 'Prenez, mangez, ceci est mon corps.' Puis, prenant une coupe, il rendit grâces et la leur donna en disant : 'Buvez-en tous ; car ceci est mon sang, le sang de l'alliance, qui va être répandu pour une multitude en rémission des péchés. » - Matthieu 26 : 26-28

Il ne faut pas oublier qu'auparavant, Jésus avait fait une déclaration semblable :

« Moi, je suis le pain de vie. Qui vient à moi n'aura jamais faim ; qui croit en moi n'aura jamais soif. » - Jean 6 : 35

« Les juifs alors se mirent à discuter fort entre eux ; ils disaient : 'Comment celui-là peut-il nous donner sa chair à manger ?' » - Jean 6 : 52

« Alors Jésus leur dit : 'En vérité, en vérité, je vous le dis, si vous ne mangez la chair du Fils de l'homme et ne buvez son sang, vous n'aurez pas la vie en vous. Qui mange ma chair et boit mon sang a la vie éternelle et je le ressusciterai au dernier jour. Car ma chair est vraiment une nourriture et mon sang vraiment une boisson.' » - Jean 6 : 53-55

« Après l'avoir entendu, beaucoup de ses disciples dirent : 'Elle est dure, cette parole ! Qui peut l'écouter ?' » - Jean 6 : 60

« Dès lors, beaucoup de ses disciples se retirèrent, et ils n'allaient plus avec lui. » - Jean 6 : 66

Jésus parlait souvent en paraboles ou de façon imagée. Ses discours étaient bizarres comme le sont souvent ceux des schizophrènes, dû au fait que leur cerveau ne fonctionne pas normalement. Il est évident, qu'en comparant sa chair à du pain et son sang à une boisson, cela ressemble plus ou moins à du cannibalisme. Bon nombres de disciples ont quitté Jésus après ces déclarations, car ils se sont rendus compte pour de bon qu'il était fou ! Malheureusement, ce ne sont pas tous ses disciples qui s'en sont rendu compte. Même aujourd'hui, des millions et des millions de personnes croient à ces paroles de Jésus dû à leur naïveté.

À mesure que le temps passe, la paranoïa de Jésus grandit. On peut le constater dans l'extrait suivant :

« Puis il leur dit : 'Quand je vous ai envoyés sans bourse, ni besace, ni sandales, avez-vous manqué de quelque chose ?' –'De rien', dirent-ils. Et il leur dit : 'Mais maintenant, que celui qui a une bourse la prenne, de même celui qui a une besace, et que celui qui n'en a pas vende son manteau pour acheter un glaive. Car, je vous le dis, il faut que s'accomplisse en moi ceci qui est écrit : il a été compté parmi les scélérats.' » - Luc 22 : 35-37

On se souviendra, qu'au début, Jésus envoyait ses disciples prêcher avec rien. Comptant seulement sur la générosité des habitants des villes et des villages pour leur subsistance :

« Ne vous procurez ni or, ni argent, ne menue monnaie pour vos ceintures, ni besace pour la route, ni deux tuniques, ni sandales, ni bâton : car l'ouvrier mérite sa nourriture. » - Matthieu 10 : 9-10

Désormais, il est devenu tellement paranoïde, qu'il encourage ses disciples à se procurer une arme, en l'occurrence un glaive (une sorte d'épée). Il est à noter, que les schizophrènes souffrent de paranoïa extrême et que celle-ci peut empirer si elle demeure non traitée. Il est fréquent de voir des schizophrènes se promener avec un couteau, car ils sont convaincus que des gens veulent leur faire du mal ou les tuer.

Ensuite, ils se rendirent au mont des Oliviers. Judas les avait déjà quitté pour aller le trahir. Jésus va donc prier :

« Puis il s'éloigna d'eux d'environ un jet de pierre et, fléchissant les genoux, il priait en disant : 'Père, si tu veux, éloigne de moi cette coupe ! Cependant, que ce ne soit pas ma volonté, mais la tienne qui se fasse !' Alors lui apparut, venant du ciel, un ange qui le réconfortait. Entré en agonie, il priait de façon plus instante, et sa sueur devint comme de grosses gouttes de sang qui tombaient à terre. » - Luc 22 : 41-44

Jésus devait être très angoissé et anxieux à l'idée qu'il allait être trahis par un de ses disciples. Il s'attendait à être arrêté et maltraité. Son anxiété élevée lui a fait déclancher une autre hallucination visuelle et auditive : un ange vient le voir et lui parler. De plus, étant très angoissé, il transpire beaucoup 'comme de grosses gouttes de sang'. Peut-être à cause du stress, Jésus s'automutilait-il, ou se grattait constamment à un endroit, de sorte que cela a finit par saigner. Ça se voit souvent chez les schizophrènes. Ils ont des tics. Si ces derniers consistent en grattage, ça peut finir par saigner. Les tics augmentent en fréquence et en intensité lors de stress importants.

Finalement, une foule de gens en autorité viennent l'arrêter et l'emmène dans la maison du grand prêtre (Luc 22 : 47-54). Lorsqu'il fait jour, ils l'emmène devant le Sanhédrin (cours suprême juive) pour y être jugé :

«...'si tu es le Christ, dis-le nous.' Il leur dit : 'Si je vous le dis, vous ne croirez pas, et si je vous interroge, vous ne répondrez pas. Mais désormais le fils de l'homme siégera à la droite de la Puissance de Dieu !' Tous dirent alors : 'Tu es donc le Fils de Dieu !' Il leur déclara : 'Vous le dites : je le suis.' » - Luc 22 : 67-70

Par la suite, il est emmené devant Pilate :

« Pilate l'interrogea en disant : 'Tu es le roi des Juifs ?' – 'Tu le dis' lui répondit-il » - Luc 23 : 3

« Mon royaume ne fait pas partie de ce monde. Si mon royaume était de ce monde, mes gens auraient combattu pour que je ne sois pas livré aux Juifs. Mais mon royaume n'est pas d'ici. » - Jean 18 : 16

On remarque que Jésus, bien que face à une mort probable, tient encore ferme à son délire. Il croît venir d'un autre monde. Il croît être le fils de dieu, le christ et le roi des Juifs. Il n'est pas dans la réalité et est toujours très psychotique à ce moment-là. Il fut ensuite emmené devant Hérode, mais ne lui répondait pas lorsque interrogé. Jésus fut maltraité, fouetté, roué de coups, on lui mit une couronne d'épine pour se moquer de lui et le faire souffrir et finalement il fut crucifié avec deux autres condamnés (voir Matthieu chapitre 27, Marc chapitre 15, Luc chapitre 22 : 63-65 et chapitre 23, et Jean chapitre 18 et 19). Il finit par mourir après avoir prêché pendant environ 2 ans ou trois ans et demi selon les dires de certains.

Jésus est-il réellement mort sur la croix ? Selon l'évangile de Jean, les soldats romains à ce moment-là allait briser les jambes des crucifiés pour accélérer leur mort afin d'éviter qu'ils restent sur la croix durant le sabbat. Ils ne brisèrent pas les jambes de Jésus, car il était supposément déjà mort. Un soldat, lui perça le côté avec sa lance et du sang et de l'eau sortirent. Il fut finalement emmené dans un tombeau. Peut-être n'était-il pas mort, mais inconscient. De cette façon, il a pu donner l'impression d'être ressuscité des morts 3 jours après. Cette hypothèse est plausible, car après sa résurrection l'apôtre Thomas, qui doutait que Jésus soit ressuscité put voir des marques laissées par les clous et la blessure laissée par la lance à son côté.

(Jean 20 : 24-27). De plus, plusieurs personnes l'ayant connu, avait du mal à le reconnaître. Considérant les traumatismes qu'il a subit, le fouet, les coups, la couronne d'épine, la crucifixion, il devait être physiquement méconnaissable. Il est possible qu'il ait survécut à la crucifixion. Ses disciples ont donc pu croire qu'il avait ressuscité. Il est peut-être mort ultérieurement des suites de ses blessures, car éventuellement on ne mentionne plus sa présence. Il est intéressant de noter, que certains évangiles apocryphes ne mentionnent pas la mort de Jésus sur la croix et encore moins sa résurrection, comme si cela ne s'était jamais produit…

Chapitre 11

Diagnostique : schizophrénie paranoïde chronique

Il est maintenant temps de poser un diagnostic en se basant sur le DSM-IV, après avoir résumé les symptômes de Jésus de Nazareth. Il souffrait définitivement d'une schizophrénie paranoïde chronique selon les critères suivants :

A. Au moins 2 des symptômes suivants :

(1)   Idées délirantes : oui, croyances bizarres, paraboles, idées de grandeur, paranoïa.
(2)   Hallucinations : oui, visuelles et auditives
(3)   Discours désorganisé : non
(4)   Comportement désorganisé ou catatonique : non
(5)   Symptômes négatifs : non

B. Dysfonctionnement social ou occupationnel : oui, conflit avec la société et les gens de sa communauté, isolement du reste de la société avec ses disciples.

G.   Durée : au moins 6 mois : oui, au moins 2 ans.

H.   Sont exclus les troubles schizoaffectifs et les troubles de l'humeur : exclus

I.   Sont exclus les troubles dus à des substances ingérées ou des pathologies organiques : exclus

J.   Sont exclus les troubles de développement (autisme, débilité.) : exclus

Type paranoïde :
A.   Préoccupation avec un ou plusieurs délires ou hallucinations auditives fréquentes : oui, il se croit le fils de dieu, entends sa voix

régulièrement et se croît investit d'une mission spéciale : sauver le monde de ses péchés.

B.   Aucune des caractéristiques suivantes n'est proéminentes : discours désorganisé, comportement désorganisé ou catatonique ou affect inapproprié ou plat : aucune

Les symptômes de Jésus n'entraient pas dans les critères diagnostiques des autres types de schizophrénie, soit désorganisée, catatonique, indifférenciée ou résiduelle.

Jésus était un homme perturbé, souffrant d'hallucinations auditives et visuelles répétées. Son cerveau de schizophrène n'a pas su interpréter la réalité correctement. Ses décompensations psychotiques étaient parfois violentes. Il n'a pas su s'adapter à la société dans laquelle il vivait, mais a préféré s'isoler dans sa croyance selon laquelle il était le fils de dieu ou dieu lui-même venu sur terre pour sauver l'humanité de péchés qui n'existent tout simplement pas. Si Jésus vivait aujourd'hui, il n'y a aucun doute qu'il serait un patient psychiatrique hospitalisé et sous fortes doses d'antipsychotiques pour le stabiliser. Il serait loin d'être un personnage extraordinaire. C'est seulement qu'à l'époque, les gens ne connaissaient pas les maladies comme nous les connaissons aujourd'hui et ils ne savaient pas ce qu'était la schizophrénie. Plusieurs personnes se sont rendues compte que Jésus n'était pas bien mentalement, mais plusieurs autres ont cru à ses délires et sont devenues ses disciples.

Chapitre 12

Autres personnages bibliques atteints de schizophrénie

Moïse le fondateur de Judaïsme était probablement un schizophrène lui aussi. Cela est confirmé par de multiples hallucinations visuelles et auditives. Voici l'exemple le plus célèbre :

« Moïse faisait paître le petit bétail de Jéthro, son beau-père, prêtre de Madiân ; il l'emmena par-delà le désert et parvint à la montagne de Dieu, l'Horeb. L'Ange de Yahvé lui apparut, dans une flamme de feu, du milieu d'un buisson. Moïse regarda : le buisson était embrasé mais le buisson ne se consumait pas. (…) Dieu l'appela du milieu de buisson. 'Moïse, Moïse', dit-il.» - Exode 3 : 1-4

Il est clair qu'il était halluciné à ce moment-là, car un buisson qui brûle sans se consumer et qui parle, ça n'existe pas ! Tout au long des 4 livres, soit l'Exode, le Lévitique, les Nombres et le Deutéronome, on constate que Moïse était régulièrement victime de ses hallucinations et de ses délires typiques des schizophrènes.

Autre détail intéressant : Moïse, semble-t-il, avait des difficultés à parler ou des troubles d'élocution :

« Moïse dit à Yahvé : 'Excuse-moi, mon Seigneur, je ne suis pas doué pour la parole, ni d'hier ni d'avant-hier, ni même depuis que tu adresses la parole à ton serviteur, car ma bouche et ma langue sont pesantes.' » - Exode 4 : 10

Il faut mentionner que les schizophrènes ont souvent des déficits au niveau du langage. En général, ils ne parlent pas beaucoup ou ont peu de choses à dire et ils peuvent rencontrer des difficultés d'élocution ou des difficultés à organiser leurs phrases. Ça semblait être aussi le cas de Moïse. Il est intéressant de noter qu'Albert Einstein, ne commença à parler qu'à l'âge de 3 ans. Il n'était pas schizophrène, mais un de ses fils l'était : Édouard Einstein. La schizophrénie étant familiale, Einstein était lui aussi un peu « schizo » et avait un déficit au niveau de la parole durant sa petite enfance.

Saül, premier roi d'Israël, était probablement un schizophrène lui aussi. Il était le plus grand à partir des épaules et était extrêmement timide. En effet, au moment d'être désigné comme roi, il s'était « caché parmi les bagages. » - 1 Samuel 10 : 21-23. La timidité peut être liée à une peur exagérée de faire rire de soi, donc de la paranoïa. Il était très grand et autrefois on disait que les schizophrènes étaient les 'grands minces'. Il est intéressant de souligner que Saül provenait de la tribu de Benjamin, une des douze tribus d'Israël. Cette tribu avait presque été exterminée lors d'une guerre interne (Juges chapitres 19-21). Il est possible que le peu de variété génétique restant par la suite, ait favorisé le développement de la schizophrénie dans cette tribu.

Donc, Saül, lors d'une guerre n'avait pas suivit correctement les instructions du « prophète » Samuel qui le critiqua. Voici comment la bible décrit le début de sa maladie :

« L'esprit de Yahvé s'était retiré de Saül et un esprit mauvais, venu de Yahvé, le tourmentait. » - 1 Samuel 16 : 14

Saül a peut-être été affecté psychologiquement par les critiques de Samuel, dû à son hypersensibilité et cela a déclenché une psychose. Probablement qu'il entendait des voix qui le tourmentait. Comme traitement, il écoutait de la musique et cela le soulageait. La musique enterrait sans doute les voix qui le critiquaient :

« Ainsi, chaque fois que l'esprit de Dieu assaillait Saül, David (futur roi d'Israël) prenait la cithare et il en jouait. C'était une détente pour Saül. Il allait mieux et le mauvais esprit s'écartait de lui. » - 1 Samuel 16 : 23

Cependant, avec le temps, cette thérapie ne fonctionnait plus à mesure que sa maladie mentale empirait. La schizophrénie est une maladie dégénérative. Sa paranoïa grandit et il tenta même d'assassiner le jeune David qui jouait de la musique devant lui :

« Or un mauvais esprit de Yahvé prit possession de Saül : comme il était assis dans sa maison, sa lance à la main, et que David jouait de la cithare, Saül essaya de clouer David au mur avec sa lance, mais celui-ci esquiva le coup de Saül, qui planta sa lance dans le mur... » - 1 Samuel 19 : 9-10

En résumé, victime de sa paranoïa, Saül traquera David comme un animal jusqu'à sa mort.

Il faut également mentionner que l'apôtre Paul provenait lui aussi de la tribu décimée de Benjamin, comme le roi Saül :

« ... ne suis-je pas moi-même Israélite, de la race d'Abraham, de la tribu de Benjamin ? » - Romains 11 : 1

Il était probablement schizophrène lui aussi, car il avait des hallucinations et des délires. Voici des exemples :

« Il faisait route et approchait de Damas, quand soudain une lumière venue du ciel l'enveloppa de sa clarté. Tombant à terre, il entendit une voix qui lui disait : 'Saoul (Paul), Saoul, pourquoi me persécutes-tu ?' – 'Qui es-tu, Seigneur ?' demanda-t-il. Et lui : 'Je suis Jésus que tu persécutes. Mais relève-toi, entre dans la ville, et l'on te dira ce que tu dois faire.' » - Actes des apôtres 9 : 3-6

Cet épisode, « sur le chemin de Damas », est bien connu. Alors qu'il s'en allait persécuter les disciples du christ, il a eu cette hallucination visuelle et auditive, qui l'a finalement converti au christianisme. Voici une autre hallucination qu'il nous rapporte :

« Il faut se glorifier ? (Cela ne vaut rien pourtant) eh bien ! J'en viendrai aux visions et révélations du Seigneur. Je connais un homme dans le Christ qui, voici quatorze ans – était-ce en son corps ? Je ne sais ; était-ce hors de son corps ? Je ne sais ; Dieu le sait – … cet homme-là fut ravi jusqu'au troisième ciel. Et cet homme-là – était-ce en son corps ? Était-ce sans son corps ? Je ne sais, Dieu le sait, je sais qu'il fut ravi jusqu'au paradis et qu'il entendit des paroles ineffables, qu'il n'est pas permis à un homme de redire. » - 2 Corinthiens 12 : 1-4

L'apôtre Paul ne mentionne pas le nom de la personne qui fut « ravi jusqu'au troisième ciel ». Mais il s'agit probablement de lui-même. Par exemple, l'apôtre Jean ne mentionne jamais son propre nom comme étant l'auteur de son évangile, mais il dit simplement qu'il était « … le disciple que Jésus aimait… » (Jean 21 : 20,24). On se rappellera que les schizophrènes peuvent avoir l'impression de ne pas avoir de corps et peuvent être incapables de discerner leur corps du monde extérieur, un peu comme si celui-ci était dissocié de leur personne. L'apôtre Paul, semble avoir vécu ce genre d'expérience d'après les versets cités plus haut.

Abraham mentionné dans la genèse était sûrement schizophrène lui aussi, car il a tenté de sacrifier son fils pour obéir à ce que la voix qu'il entendait lui dit de faire. Voici ce que relate la genèse :

« Dieu dit : 'prends ton fils, ton unique, que tu chéris, Isaac, et va-t'en au pays de Moriyya, et là tu l'offriras en holocauste sur une montagne que je t'indiquerai.'(...) Abraham étendit la main et saisit le couteau pour immoler son fils. Mais l'Ange de Yahvé l'appela du ciel et dit 'Abraham! Abraham!' Il répondit : 'Me voici!' L'Ange lui dit : 'N'étends pas la main contre l'enfant! Ne lui fais aucun mal! Je sais maintenant que tu crains Dieu : tu ne m'as pas refusé ton fils, ton unique.' » - Genèse 22 : 2, 10-12

Il est clair qu'il était psychotique et allait assassiner son fils pour écouter une voix qu'il attribuait à « dieu ». Un grave manque de jugement. Cette même voix lui dit alors quelque chose de contradictoire lui ordonnant de ne pas tuer son fils après tout.

D'autres « prophètes » de la bible, comme Isaïe, Ézéchiel et Daniel avaient des hallucinations et des délires. Ils étaient probablement des schizophrènes.

Le (ou les, tout dépendant quelle version des évangiles) démoniaque gérasénien semble avoir souffert soit d'une certaine forme de schizophrénie catatonique, soit d'épilepsie ou les deux à la fois. Voici comment Marc relate ces évènements :

« Ils arrivèrent sur l'autre rive de la mer, au pays des Géraséniens. Et aussitôt que Jésus eut débarqué, vint à sa rencontre, des tombeaux, un homme possédé d'un esprit impur : il avait sa demeure dans les tombes et personne ne pouvait plus le lier, même avec une chaîne, car souvent on l'avait lié, même avec des entraves et avec des chaînes, mais il avait rompu les chaînes et briser les entraves, et personne ne parvenait à le dompter. Et sans cesse, nuit et jour, il était dans les tombes et dans les montagnes, poussant des cris et se tailladant avec des pierres. » - Marc 5 : 1-5 ; récits parallèles : Matthieu 8 : 28-34, Luc 8 : 26-39.

Cet homme, que les gens de l'époque croyaient possédé était un sans-abri, ne portait même plus de vêtements selon Luc 8 : 27 et était extrêmement agité sur le plan psychomoteur, au point où il était capable de briser les contentions qu'on lui mettait. Il faut noter que certains patients psychiatriques sont capables de sortir de leurs contentions à force de se débattre. Cet homme s'automutilait aussi. Tout cela fait penser à une forme grave de schizophrénie catatonique.

Il y en avait d'autres personnages atteints de cette maladie, mais les citer et les analyser tous serait long.

Chapitre 13

Conclusion

Plusieurs penseront qu'il est étonnant que Jésus souffrait de schizophrénie paranoïde et se refuseront à y croire. Cependant, il ne faut pas oublier que c'est très probable, car la schizophrénie est fréquente : elle affecte 1 personne sur 100. Et vu ses symptômes, il cadrait parfaitement dans ce profil. Alors, allons-nous croire aux propos délirants d'un schizophrène ? Espérons que non, car il était malade ! Croirions-nous aux propos de malades mentaux enfermés dans les hôpitaux psychiatriques ? Non ! Alors, pourquoi croirions-nous aux discours de Jésus qui était lui aussi schizophrène ? Ce qu'il prêchait a bien peu de crédibilité vu sa condition médicale.

La chrétienté a dès le départ embelli le personnage de Jésus afin de le rendre plus attrayant et exploiter la population. Mais il était malade et avait besoin d'être aidé. Le christianisme compte quelque 2 milliards d'adeptes à travers le monde. Il serait grand temps que tous les chrétiens se réveillent et qu'ils se rendent comptent qu'ils vouent un culte à un malade mental, dont la philosophie a fait tant de mal au cours de l'histoire et encore aujourd'hui avec les sectes chrétiennes qui détruisent des vies et des familles entières. Le christianisme est répressif, il bafoue les droits de la personne et renie ce que nous sommes en tant qu'êtres humains. Certes, le judéo-christianisme a mit l'accent sur certaines valeurs morales qui ne sont pas mauvaises en soit. Par contre, un certain nombre de ces valeurs morales sont extrémistes et briment les droits individuels et l'estime de soi des personnes, ce qui les amène à développer de la culpabilité non justifiée et des troubles mentaux graves comme la dépression et la psychose. Cela aboutit souvent à un suicide. Les gens qui pratiquent le christianisme ne sont pas heureux, mais ils essaient de nous faire croire qu'ils le sont. Ils essaient aussi de nous faire peur en prétendant que ceux qui ne respectent pas les principes moraux chrétiens seront malheureux et auront des problèmes dans leur vie, tels que des infections transmissibles sexuellement et d'autres problèmes de santé relié à l'usage du tabac et de la drogue. Ce qu'ils ne nous disent pas, c'est que l'on peut avoir des relations sexuelles avec différentes personnes en utilisant un condom sans contracter d'infections transmissibles sexuellement comme le VIH. Ce qu'ils ne nous disent pas non plus, c'est qu'il n'est pas nécessaire de pratiquer le christianisme pour ne pas fumer et consommer de la drogue. Il s'agit tout simplement d'utiliser son intelligence et son bon sens. Les religions et les sectes chrétiennes jouent la carte de la peur dans le but d'essayer de nous contrôler. Le christianisme est une philosophie périmée, mal adaptée à la réalité.

La plupart des gens ont un besoin instinctif de croire en quelque chose de surnaturel. La foi chrétienne exerce un attrait considérable, car elle offre des espoirs mensongers et un nombre croissant de personnes adhèrent aux sectes chrétiennes, plus attrayantes que les grandes églises traditionnelles. Il n'est pas nécessaire d'avoir un espoir de vie après la mort. Probablement qu'il n'y a rien. Peut-être y a-t-il quelque chose. Toutefois, la religion est un refus d'accepter la réalité de la souffrance, de la maladie et de la mort. Certes, croire en quelque chose, peut nous soulager de la peine que nous éprouvons à la perte d'un être cher ou nous soulager de la peur de la mort. Mais, allons-nous croire en un mensonge pour autant ? Bien sûr que non ! C'est la vérité que nous voulons et la vérité c'est que la plupart des fondateurs des religions et des sectes étaient des malades mentaux qui auraient dû se faire enfermer afin de protéger la population de leurs folies.

Enfin, j'espère que ce livre ouvrira les yeux de millions de personnes dans le monde et qu'elles pourront finalement se libérer de l'emprise aliénante du christianisme.

Du même auteur :

L'athéisme d'État - Pourquoi est-il nécessaire? 2019. Par Jean-Philippe Cossette.

www.ingramcontent.com/pod-product-compliance
Lightning Source LLC
Chambersburg PA
CBHW032103280526
45784CB00013B/3059